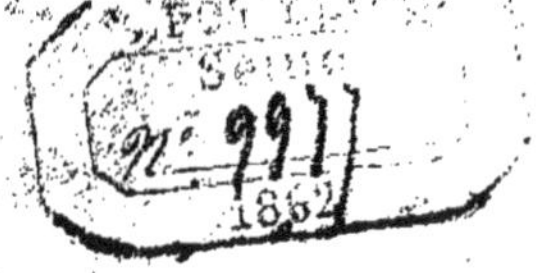


# CONSIDÉRATIONS GÉNÉRALES

PHILOSOPHIQUES ET CRITIQUES

A PROPOS DE LA

# RÉVISION DU CODEX

ET DES

# SACCHAROLÉS LIQUIDES

PRÉPARÉS AVEC LES EXTRAITS PHARMACEUTIQUES.

# CONSIDÉRATIONS GÉNÉRALES

PHILOSOPHIQUES ET CRITIQUES

A PROPOS DE LA

# RÉVISION DU CODEX

ET DES

## SACCHAROLÉS LIQUIDES

Préparés avec les extraits pharmaceutiques,

PAR

**P. AMÉDÉE JEANDET,**

PHARMACIEN A VERDUN-SUR-SAONE-ET-DOUBS (SAONE-ET-LOIRE).



« Pour nous, un ouvrage qui intéresse toute une profession doit être, comme une loi qui intéresse une nation, l'expression de la majorité ; et le Codex ne sera jamais ce qu'il doit être, que lorsque tous les pharmaciens de la France prendront part à sa rédaction. »

(DORVAULT, Préface de l'Officine.)

PARIS

OFFICE MÉDICAL ET PHARMACEUTIQUE DE FRANCE,

6, RUE GIT-LE-CŒUR, 6.

1862

# CONSIDÉRATIONS GÉNÉRALES

PHILOSOPHIQUES ET CRITIQUES

A PROPOS DE LA

# RÉVISION DU CODEX

ET DES

# SACCHAROLÉS LIQUIDES

PRÉPARÉS AVEC LES EXTRAITS PHARMACEUTIQUES.

## I

Lorsque nous publiâmes, en juin 1861, un bien modeste travail intitulé : *Coup d'œil sur les saccharolés liquides ou parallèle entre les sirops alcooliques et les sirops d'extraits pharmaceutiques* (1), notre but, à cette époque, n'était pas seulement de démontrer jusqu'à quel point le mode opératoire, proposé par M. Mouchon, de Lyon, pour la préparation de *ses sirops dits alcoliques*, était peu praticable pour la grande majorité des pharmaciens, mais de plus, nous voulions mettre en évidence les sirops obtenus au moyen des extraits.

Nos simples observations et la savante étude de M. Mouchon n'étaient pas dépourvues d'intérêt, puisque tous les deux nous visions au même but..... appeler l'attention du comité provisoire de révision du Codex sur une classe de médicaments qui

(1) Brochure in-8° de 16 pages. Prix : 60 c. franco par la poste.

nous semblaient mériter, chacun à notre point de vue, d'occuper une place dans la nouvelle pharmacopée.

Nous venons de parler de la révision du Codex!... Avant d'aller plus loin, qu'on nous permette quelques considérations générales à propos de la réimpression de ce livre, encore jeune d'années, mais vieux pour la science.

Parmi les nombreuses et intéressantes questions qui incessamment sont traitées au sein des diverses sociétés de pharmacie, il en est une qui est restée presque constamment à l'ordre du jour : *c'est la révision du Codex français*. Envisagée sous le rapport de nos intérêts purement professionnels, cette question est loin, cependant, d'être la plus importante ; depuis le congrès médical de 1845 jusque dans nos derniers congrès pharmaceutiques, combien n'en a-t-on pas soulevé d'autres qui nous touchaient et nous touchent encore plus directement? mais celle-ci ayant obtenu la sanction du gouvernement doit fixer les regards de tous les pharmaciens. Sans doute le corps pharmaceutique accueillerait avec plus de satisfaction certaines réformes qu'il serait si facile de décréter, et auxquelles il a des droits si légitimes ; mais parce qu'il ne peut les obtenir, s'ensuit-il qu'il doive rester dans le *statu quo* et demeurer étranger à la révision d'un ouvrage qui doit être le *vade mecum* de la profession? Une nouvelle édition du Codex offre donc un vif intérêt à la pharmacie, et si ce n'est pas pour elle un événement susceptible d'améliorer son sort, c'est du moins une œuvre toute scientifique et professionnelle qui, bien comprise et exécutée, ne peut manquer de lui donner satisfaction et sécurité (1).

(1) Notre très-honorable et savant confrère, M. Parisel, ne veut pas de Codex légal. Dans son *Année pharmaceutique pour* 1861, p. 77 et suivantes, il essaye de démontrer, en logicien habile, l'inutilité de ce livre, *qu'on élève à tort à la hauteur d'une institution légale et d'un dogme sacré*. « Pourquoi, dit-il, en faire le *credo* « pharmaceutique et scientifique pendant vingt-cinq ans, sous peine de la 7e cham- « bre? Nous n'aimons pas cette invention de la pharmacie correctionnelle ; il nous « semble voir la science coiffée d'un chapeau de gendarme. » Il y a du vrai dans cette phrase fort spirituellement dite ; cependant, nous croyons à l'utilité d'un Codex ; d'un Codex, non pas revisé tous les quarts de siècle, mais tous les dix ans, avec annexion d'un fascicule triennal. La pharmacopée légale, publiée dans de telles conditions, *et surtout prise au sérieux par tous les médecins et les pharma-*

## II

C'est au cercle pharmaceutique de la Marne, ou mieux à M. Jacout, l'un de ses membres, que revient l'honneur d'avoir demandé la révision de ce dispensaire.

Dans une communication faite à une réunion générale du cercle, ce zélé confrère, se plaçant au point de vue de la situation actuelle de la pharmacie, constate son état de décadence, en recherche avec sagacité les causes, et ne tarde pas à les découvrir.

En effet, de même que M. Jacout, nous ne considérons pas l'introduction des préparations chimiques dans la pharmacie galénique comme funeste à la profession, ainsi qu'on l'a dit. Au contraire, la chimie est venue faire briller le soleil là où il n'y avait que d'épaisses ténèbres, là où tout se mêlait et se confondait, là où la thérapeutique, encore mal assise, flottait incertaine entre les diverses théories qui, tour à tour, avaient prévalu.

Même après Charas et Lémery, ces deux premiers maîtres de notre art en France, même après les Geoffroy, les Bourdelin, les Boulduc, les Rouelle, les Baumé, leurs dignes continuateurs, la matière médicale ne peut arriver à se débarrasser de tout le bagage, de tout le fatras qui surchargeaient les pharmacopées arabes et celles des seizième et dix-septième siècles.

Il lui fallait, pour en être définitivement purgée, l'intervention puissante de la chimie moderne, science qui ne se constitua réellement que vers la fin du dix-huitième siècle et au développement de laquelle la pharmacie française a toujours si puissamment contribué. Mais où M. Jacout nous paraît apprécier sainement les causes de notre détresse, c'est lorsqu'il blâme

*ciens français*, ne peut être qu'un livre d'une incontestable utilité : avec lui, on arrive à *l'identité des médicaments* dans toutes les officines de l'empire ; sans lui, variations inévitables dans le *modus faciendi* de ces mêmes médicaments, et partant diversité d'action de la part du même agent thérapeutique.

ces médecins trop exclusifs, qui délaissent la pharmacie pour se renfermer dans le cadre restreint des produits chimiques; qu'il rappelle les théories hasardées de ces deux écoles, dont l'une a proclamé la lancette souveraine absolue, à l'exclusion des médications en usage, et l'autre, exagérant les préceptes hippocratiques, a fait consister tout le traitement des maladies dans les soins hygiéniques et la prescription de quelques tasses de tisane; c'est enfin lorsqu'il signale l'importance toujours croissante de la SPÉCIALITÉ, importance qui trouve son explication, d'après notre confrère, dans les faits mêmes que nous venons d'énumérer. Ne sait-on pas, effectivement, que presque tous les malades veulent que leur médecin leur ordonne des médicaments, sinon, et lors même que celui-ci agit avec conscience, ils se traitent eux-mêmes et pensent trouver leur guérison en gobant, à qui mieux mieux, ces panacées infaillibles qui remplissent la quatrième page des journaux (1).

Pour remédier à ce triste état de choses, pour empêcher la pharmacie de s'abîmer *in gurgite vasto*, M. Jacout ne voit qu'un moyen, qu'une voie de salut... il faut nous rallier autour du Codex, et nous en servir comme d'une arme défensive pour repousser la foule des envahisseurs! Mais le Codex n'est plus qu'une ruine; c'est une entrave à nos aspirations réformatrices. Notre confrère de Reims porta alors contre lui une accusation en règle, et il conclut en en demandant la révision prochaine.

Si nous nous plaçons seulement au point de vue de nos intérêts professionnels, il nous semble que M. Jacout se faisait illusion quant au rôle important qu'il assignait au Codex. Évidemment, la réimpression de ce formulaire, mis au niveau de la science, est une chose urgente qui ne peut se différer, celui de 1837 n'étant plus pour le praticien un guide sûr, et se trouvant

(1) M. Mouchon, de Lyon, dans une note lue à la Société d'émulation et de prévoyance des pharmaciens de l'est, séance du 19 octobre 1857, envisage la question de décadence comme M. Jacout, et, de plus, signale l'engouement singulier de notre époque pour l'hydrologie minérale, ce qui éloigne d'autant les médecins de la matière médicale et les clients de nos officines.

complétement débordé par les importantes conquêtes faites au profit de la thérapeutique; mais ce qui nous paraît au moins douteux, c'est qu'après cette révision achevée la pharmacopée légale devienne l'ancre de salut, le palladium de la profession.

## III

Cependant la proposition de M. Jacout eut du retentissement dans le monde pharmaceutique : la Société d'émulation et de prévoyance des pharmaciens de l'Est l'accueillit avec empressement dans sa séance du 11 avril 1857; successivement, les autres sociétés l'imitèrent, et cette question, après avoir été sérieusement examinée, fut portée devant le congrès qui se tint à Bordeaux au mois d'août 1859. C'était la troisième session des congrès des sociétés de pharmacie de France, et seize sociétés y avaient envoyé des délégués.

Faisons connaître la composition de son bureau :

MM. Viguier, de Vienne (Isère), président;
Filhol, de Toulouse, vice-président;
Perrens, de Bordeaux, secrétaire général;
Malbranche, de Rouen, secrétaire adjoint.

Les cinq questions suivantes figuraient à l'ordre du jour :

1° Des prête-noms;

2° Révision du Codex;

3° Fourniture des médicaments par les médecins et vétérinaires;

4° Extension de la partie commerciale de la pharmacie;

5° Chambres pharmaceutiques.

L'on voit de suite tout l'intérêt que devait offrir cette assemblée, autant par l'importance de son programme que par l'honorabilité de ses membres, qui pouvaient s'enorgueillir, à bon droit, d'être les représentants de la majeure partie de leurs confrères. Pourquoi ne pouvons-nous pas écrire *de tous leurs confrères ?* — Constatons-le donc ici avec regret, c'est encore la minorité parmi nous qui est la partie militante du corps pharmaceutique, c'est elle qui a le souci des intérêts scientifiques, pratiques et moraux de la profession. Un pharmacien instruit, probe, consciencieux, prudent, discret, esclave de ses devoirs, possède certainement des qualités précieuses et indispensables à l'homme qui pratique notre art, mais elles nous paraissent singulièrement amoindries lorsqu'elles sont alliées à un égoïsme ou à une indifférence toujours regrettable.

Revenons au congrès de Bordeaux. Il n'entre pas dans notre sujet d'en faire le compte rendu ; nous dirons seulement que toutes les questions citées plus haut y ont été discutées avec cette gravité, cette entente cordiale, ce talent d'exposition que l'on aime à trouver dans les grandes assemblées, et qui, depuis l'origine de ces réunions, n'ont point cessé d'en être l'apanage. Quant à la question de révision du Codex, elle fut scindée en trois questions principales, savoir :

1° Y a-t-il opportunité de révision ?

2° Dans quelle langue doit-il être rédigé ?

3° Quelle sera la composition de la commission ?

Dans la discussion qui s'éleva à propos de la première question, votée, d'ailleurs, à l'unanimité, nous signalerons deux propositions : l'une de M. Favrot, de Paris, qui émit le vœu de voir le nouveau Codex contenir l'exposé des propriétés physiques, chimiques et organoleptiques des préparations qu'il renfermera ; l'autre de M. Aubergier, absent au congrès, mais transmise par l'honorable directeur de la pharmacie centrale de France, M. Dorvault, délégué de la Société de pharmacie des Côtes-du-Nord. Le savant doyen de la Faculté des sciences de Clermont-Ferrand voudrait voir concourir toutes les sociétés de pharmacie à la perfection du Codex. A cet effet, chacune d'elles devrait prendre la tâche d'étudier les formules nouvelles, de reviser les anciennes et d'adresser le résultat de son travail au congrès de l'année suivante. La rédaction du Codex étant une œuvre de longue haleine, les sociétés auraient tout le temps nécessaire pour faire un travail sérieux et profitable à la nouvelle pharmacopée (1).

Si nous passons maintenant à l'examen de la deuxième question : *En quelle langue le Codex sera-t-il rédigé?* nous voyons de la divergence dans les opinions : quelques membres demandent la rédaction exclusivement en latin, plusieurs la veulent en latin et en français, la majorité la veut dans la langue nationale seulement, et c'est l'opinion qui a prévalu. Pour notre compte particulier, nous blâmons cette décision, et nous trouvons que, dans cette circonstance, le congrès s'est montré *un peu trop Français*. Nous ne nous arrêterons pas aux raisons, excellentes en apparence, de M. Malbranche, de Rouen, qui allègue que le Codex de 1818, rédigé en latin et incompris par la plupart des pharmaciens, fut immédiatement suivi d'une traduction française, et que l'édition latine resta tout entière sur les bras de l'éditeur ; ni à celles du même genre de M. le professeur Filhol, déclarant, à propos de la rédaction en deux langues, que le texte latin ne serait regardé par personne et grossirait inutilement la pharmacopée. Les écoles spéciales, ajoutait le savant directeur de l'école de Toulouse, font aujourd'hui fort peu d'élèves ; ce sont les pharmaciens de deuxième classe qui abondent, et chacun sait quelles faibles preuves de capacité on exige d'eux en fait de langues mortes.

Tous ces motifs, nous le répétons, ont peu de valeur à nos yeux, et le congrès, en votant la rédaction du Codex seulement en français, a déclaré d'emblée, en face des nations étrangères, que la pharmacie française était illettrée.

N'allez pas en conclure, chers confrères qui lirez ces pages, que la langue d'Horace nous soit familière ; mais est-il besoin de lire couramment Cicéron et Virgile, encore moins Tacite et Juvénal, pour comprendre un latin comme celui du Codex ?

(1) Au congrès médical de 1845, M. Mialhe, rapporteur de la Commission n° 5, demandait la même chose : « Le Codex, disait-il, devait refléter, autant que possible, l'état actuel de la thérapeutique en France. »

## IV

Lorsque nous défendons ainsi la version latine du Codex, nous n'envisageons pas le présent, mais l'avenir!... Avenir prochain dans lequel nous voyons le décret du 22 août 1854 rapporté, les pharmaciens du deuxième ordre avec ceux du troisième ordre, *les herboristes*, supprimés, et finalement une seule classe de pharmaciens dont les études classiques seront suffisamment probantes par un certificat de seconde (1).

Nous accordons que la rédaction du Codex seulement en latin, comme le demandaient quelques confrères, puisse avoir des inconvénients, ce formulaire étant un livre pratique que l'on consulte souvent, et parfois par un simple coup d'œil; mais en adoptant les deux textes on évitait ces inconvénients, et, en outre, il acquérait plus d'importance. La Belgique, qui n'est pas une grande nation comme la France, l'a bien fait!...

Notre estimable confrère, M. Paret, de Marseille, qui proposa la rédaction dans les deux langues, en a fait ressortir péremptoirement les avantages : « La partie latine permettrait, « disait-il, aux nations étrangères d'avoir connaissance de « notre pharmacopée, et elle fixerait, en outre, la matière mé« dicale dans la langue mère, la langue botanique et scienti« fique par excellence. » MM. Poirier, de Loudun, et Perrens, de Bordeaux, défendirent les idées du préopinant; ils les corroborèrent même par des arguments qui, selon nous, devaient enlever les suffrages du congrès.

Honneur donc à ces dignes confrères, qui firent du moins tous leurs efforts pour empêcher la pharmacie française de déchoir sous le rapport littéraire.

Les pharmaciens des seizième et dix-septième siècles étaient, pour le temps où ils vivaient, aussi versés que ceux d'aujour-

(1) Cette opinion a été aussi partagée par plusieurs délégués au Congrès pharmaceutique tenu au Mans les 16 et 17 août 1861.

d'hui dans les diverses branches des sciences pharmaceutiques, et de plus que nous ils étaient lettrés.

S'ils n'eussent connu le latin, comment auraient-ils entendu les pharmacopées et les autres ouvrages scientifiques, tous écrits à cette époque dans cette langue?

Le premier livre saillant sur la pharmacie, publié en français, fut *la pharmacopée royale galénique et chimique de Moïse Charas,* qui parut en 1676. Charas cependant parlait latin comme un romain; il fit suivre son *Traité de la vipère* d'un poëme latin, l'*Echiosophium*, destiné a célébrer les propriétés des vipères, par le récit des cures merveilleuses que leur attribuait la tradition. Plus tard, alors que la révocation de l'édit de Nantes forçait à l'exil les hommes les plus distingués, Charas, déjà vieux, alla comme Lémery, comme Papin, demander à l'étranger ce que la patrie lui refusait... une vie exempte d'angoisses, et le droit de cultiver les sciences à l'abri des dragonnades. D'abord accueilli avec distinction par le roi d'Angleterre, Charles II, il passa en Hollande à la mort de ce prince et y exerca la médecine avec succès (1); mandé ensuite en Espagne, où sa réputation l'avait devancé, sa mauvaise étoile voulut qu'il s'y rendît, oubliant que là les ténèbres de l'obscurantisme n'étaient dissipées de temps en temps que par la flamme des bûchers. A peine arrivé dans la péninsule, il y pratiqua la médecine avec autant de bonbeur qu'en Hollande, mais ayant eu le tort d'avoir raison contre les médecins du pays, en démasquant l'imposture d'un certain archevêque qui avait déclaré que désormais la morsure des serpents ne serait plus venimeuse dans l'étendue de son archevêché, il ne put échapper à la terrible inquisition.

Eh bien! dans cette circonstance critique, Charas sut mettre à profit ses connaissances dans la langue latine; il se défendit lui-même avec l'énergie d'un homme de sa trempe, et fit passer sous les yeux de ses juges sa défense écrite en vers latins. Toutefois, il n'échappa au bûcher qu'en abjurant.

(1) Il s'était fait recevoir docteur pendant son séjour en Angleterre.

Mais de ce qui précède, prétendons-nous arguer qu'il faille exiger des jeunes aspirants au titre de pharmacien une dissertation latine sur une question de chimie ou d'histoire naturelle?... A Dieu ne plaise que nous ayons une telle pensée!... De l'excès de la chose à son juste milieu il y a loin. Ce que nous ne pouvons comprendre, c'est qu'en l'an de grâce 1854, le gouvernement soit venu, par son décret du 22 août, abaisser le niveau des études classiques pour les pharmaciens dits de deuxième classe (1). Vingt ans auparavant, voici comment s'exprimait sur ce sujet un éminent confrère que nous pourrions appeler avec justesse le Vicq-d'Azir de la pharmacie (2) :

(1) Le décret du 22 août pourrait s'appeler *le Décret des catégories!* Voyez plutôt : médecins de première classe et de deuxième classe, pharmaciens de première classe et de deuxième classe, herboristes de première classe et de deuxième classe, sages-femmes de première classe et de deuxième classe.

Les médecins de deuxième classe se désignent communément sous le nom d'*officiers de santé*, dénomination acceptable et compréhensible en l'an XI, mais on ne peut plus ridicule aujourd'hui. Quant aux pharmaciens, aux herboristes et aux sages-femmes de deuxième classe, l'on se demande ce que le législateur s'est proposé de faire en établissant ce classement singulier? Ce titre de *deuxième classe* implique nécessairement un degré d'infériorité sous le rapport du savoir : admettons que les études pharmaceutiques sont assez vastes pour permettre aux pharmaciens de deuxième classe d'être encore des hommes suffisamment instruits, mais en est-il de même pour les herboristes et les sages-femmes de deuxième classe? Évidemment, non! Or, si les herboristes et les sages-femmes de deuxième classe en savent moins que les herboristes et les sages-femmes de première classe, *que peuvent-ils savoir alors?* De par la loi et *leurs brevets de capacité*, ces incapables exploitent nos candides campagnards et récoltent abondamment là où le praticien instruit et modeste ne trouve qu'à glaner.

Naguère, il arrivait chaque semaine, le jour du marché, sur la place publique de notre petite ville, une voiture d'assez belle apparence, sur laquelle on lisait écrit en lettres d'or : *Madame X., herboriste de première classe de l'École de pharmacie de Paris.* Cette voiture stationnait à peu de distance de notre officine; sur son impériale, un orchestre bruyant appelait la foule, et, au milieu de ce tintamarre, Madame X. distribuait à pleines mains ses petits paquets d'*espèces vulnéraires, fébrifuges, vermifuges, béchiques*, etc., etc.; tandis que son mari arrachait les dents POUR RIEN et vendait 2 fr. un petit flacon d'une mixture odontalgique *infaillible*, d'une couleur rouge superbe... C'était de l'eau de Cologne colorée avec de la cochenille. Que pouvions-nous dire et faire à cela, nous, pauvre pharmacien diplômé?... Le mari se disait reçu dentiste nous ne savons plus par quelle faculté, et la femme étalait pompeusement *son titre* sur les panneaux de sa voiture!

(2) Vicq-d'Azir, médecin célèbre, né à Valognes (Manche), mourut à Paris, en 1794, seulement âgé de 46 ans. Il était membre de l'Académie des sciences, secrétaire perpétuel de la Société de médecine, et rédigea, en cette qualité, les éloges de ses principaux confrères, ce qu'il fit avec tant de talent qu'il obtint un fauteuil à l'Académie française.

« Pourquoi la pharmacie, cette troisième branche de l'art « médical, resterait-elle en arrière des deux autres sous les rap- « ports littéraires et philosophiques? L'un des meilleurs résul- « tats des bonnes études, n'est-ce pas de développer cette fa- « culté d'apprendre, indispensable dans la culture des sciences, « parce qu'elles sont toujours en progrès? Pourquoi le phar- « macien, par une éducation étendue et variée, ne se montre- « rait-il pas à la hauteur de tous ceux qui exercent une pro- « fession savante? Qu'il s'efforce, au contraire, de relever ainsi « dans l'opinion publique l'importance et la dignité de ses fonc- « tions; qu'il s'applique à devenir habile dans l'art de parler et « d'écrire, à revêtir sa pensée de formes heureuses, à s'exprimer « avec lucidité, précision, élégance. Quelque jour il formera « des élèves, il pourra occuper une chaire, tenir sa place dans « les académies et doter la science du fruit de ses veilles (1). »

## V

La rédaction du Codex en français, une fois votée par le congrès, il lui restait à se prononcer sur cette troisième et dernière question : *Quelle sera la composition de la Commission appelée à le reviser?* Les divers membres qui prirent part à la discussion, MM. Paret, Malbranche, Perrens, Oudart, de Troyes, Pons, de Jonzac, Neau, de la Roche-Chalais, Dubédat, de Bordeaux, Henrot, de Reims, furent tous d'accords sur ce point capital, c'est que le Codex étant un livre pratique devait être rédigé par des pharmaciens praticiens.

M. Malbranche demande que la commission soit composée de : un quart professeurs, un quart pharmaciens excerçants, un quart médecins et un quart vétérinaires. Un autre membre, M. Henrot, voudrait que l'élément pharmaceutique entrât pour moitié dans la commission, et que les professeurs, médecins et vétérinaires fussent appelés à former l'autre moitié.

(1) *De la réorganisation de la Pharmacie en France*, rapport fait en 1834 à la Société de pharmacie de Paris et à la Société de prévoyance des pharmaciens de la Seine, par M. P.-A. Cap.

En résumé, le congrès émit les vœux suivants :

1° Que dans la commission de révision du Codex il soit fait une large place aux pharmaciens exerçants ;

2° Qu'un formulaire vétérinaire soit ajouté à la nouvelle pharmacopée ;

3° Que tous les trois ans il soit publié un *fascicule* (1).

Si, d'une part, tous ces *desiderata* étaient bien l'expression véritable des sentiments du corps pharmaceutique, de l'autre cette unanimité à demander que, dans la commission de révision, la pharmacie pratique fût largement représentée, témoignait une fois de plus contre le Codex de 1837, dont la rédaction avait été confiée à des hommes certainement haut placés dans la science, d'un mérite que personne ne conteste, mais qui, à part quelques-uns, n'étaient rien moins que versés dans la pharmacie pratique proprement dite.

Examinons maintenant la part qui revient à la Société de pharmacie de Paris, dans cette question si intéressante de la révision du Codex ; si elle est entrée la dernière en lice, à elle aussi devait incomber la tâche la plus difficile.

Après les questions que nous venons de passer en revue, et que nous appellerons secondaires, restait la question essentiellement scientifique et pratique, véritable pierre angulaire d'où devait dépendre en définitive la réussite de l'œuvre ; c'est celle que choisit la Société de pharmacie de Paris. Conformément au rapport d'une commission composée de MM. Boudet, Gobley, Dublanc, Mayet et Lefort, rapporteur, cette Compagnie décida :

(1) Dans la Commission officielle nommée par M. le ministre, les vétérinaires sont oubliés, et, quant à la publication d'un fascicule, le décret n'en dit mot. Ces deux omissions sont regrettables. — La pharmacie vétérinaire est très-importante dans les campagnes où, jusqu'à présent, les médicaments destinés aux animaux domestiques ont été plutôt préparés empiriquement que d'après les données de la science. — Un formulaire vétérinaire est donc indispensable dans le nouveau Codex. — Aucun ouvrage ne vieillit si rapidement qu'un dispensaire ! on parait à cet inconvénient en lui annexant tous les deux ou trois ans un fascicule. Au Congrès médical de 1845, section de pharmacie, la Commission n° 5, qui avait M. Mialhe pour rapporteur, demandait que le Codex fût revisé tous les dix ans et qu'un fascicule lui fût ajouté chaque année.

1° Qu'une commission dite permanente, composée de sept membres, serait chargée de préparer les questions de pharmacie et de chimie qui réclament de nouvelles expériences pour être définitivement résolues ;

2° Que les questions proposées, une fois arrêtées par la société, seraient renvoyées à des commissions spéciales dites d'études, et que chaque commission se composerait de trois membres ;

3° Qu'elle recevrait avec plaisir, soit de ses membres correspondants, soit même des pharmaciens qui lui sont étrangers, toutes les communications, mémoires ou observations de nature à contribuer à l'élucidation des questions mises à l'étude.

Ce programme était vaste et attrayant ; il pouvait tenter les praticiens même les plus modestes, inspirés, à défaut de science, par le feu sacré de leur art et le désir louable d'être utiles. La savante assemblée qui l'avait tracé était bien capable de l'embrasser dans toutes ses parties : l'honneur de l'initiative, dans une entreprise semblable, lui revenait tout naturellement, à elle, la plus ancienne société de pharmacie et qui, depuis sa création, n'avait jamais cessé de compter parmi ses membres les hommes les plus distingués de la profession (1). Toutefois, nonobstant la force et l'autorité qu'elle pouvait puiser dans son passé, comme dans son présent, elle comprit que le Codex, le livre commun à tous les pharmaciens, ne pouvait ni ne devait être l'œuvre d'une seule société. Son travail, bien que préparatoire, serait pour la commission définitive de révision un document important à consulter ; elle devait par con-

(1) La Société de pharmacie de Paris, qui se constitua le 30 ventôse an IV, comptait dans son sein les chimistes et les pharmaciens les plus distingués de ce temps-là ; c'étaient : *Bayen*, *Baumé*, *Pia*, *Fourcroy*, *Deyeux*, *Chaptal*, *Parmentier*, *Morelot*, *Guyton de Morveau*, *Vauquelin*, *Laugier*, *Ch. Louis Cadet de Gassicourt*, *Bouillon-Lagrange*, *Henry* père, etc., etc. De nos jours, elle n'a rien perdu de son premier éclat ; au contraire, son importance s'est accrue, chaque génération nouvelle lui ayant fourni son contingent d'hommes d'élite, de savants de premier ordre, dont les travaux sont venus successivement faire progresser la pharmaceutique.

séquent chercher à lui donner comme un certain cachet de nationalité... De là l'utilité de s'adjoindre des collaborateurs, de là l'appel fait aux pharmaciens de l'empire.

La société de pharmacie de Paris faisait en particulier ce qu'il aurait fallu que fissent chacune de leur côté toutes les autres sociétés de pharmacie de France.

## VI

C'était pour répondre à cet appel que M. Mouchon a publié son *Essai pratique sur les sirops alcooliques*, et nous, notre opuscule sur les *saccharolés liquides préparés avec les extraits*. Ne nous étant occupé que de la question des saccharolés liquides, et cela seulement sous le rapport pratique et le *modus faciendi* d'un petit nombre d'entre eux, les observations d'un praticien de campagne ne pouvant être que fort restreintes, nous passerons sous silence les *extraits*, les *alcoolés*, les *hydrolats*, les *liparolés*, les *stéréatés* les *élæolés*, les *glycerolés*, les *glycérats*, etc., etc., sur lesquels les commissions d'étude ont certainement reçu d'intéressantes communications.

Cependant, avant d'instruire le lecteur de l'accueil fait au consciencieux travail de M. Mouchon, par la commission dite des sirops, nous ne pouvons omettre un article remarquable d'un autre pharmacien lyonnais, M. Ferrand, notre collègue à la Société d'émulation et de prévoyance des pharmaciens de l'Est (1).

Sous ce titre : *Du Codex français, critiques et réformes*, notre confrère démolit pièce à pièce cet infortuné Codex de 1837 : c'est un réquisitoire accablant qui nous paraît sans réplique ; il est vrai que c'était-là, pour M. Ferrand, une mine riche et facile à exploiter. Que n'a-t-on pas écrit, depuis plus de vingt ans, sur les imperfections et les lacunes du Co-

(1) Voir les numéros d'octobre et de novembre 1861 de l'*Union pharmaceutique*.

dex!... Combien de notes et d'observations critiques insérées dans les divers traités et journaux de Pharmacie! Ce pauvre livre était à peine publié que déjà s'élevait contre lui une voix puissante qui, depuis trente ans, fait autorité parmi nous (1). Mais le travail dont il s'agit nous semble mériter l'attention de nos confrères et voire même de la commission spéciale de révision, l'auteur ayant habilement groupé les faits et indiqué d'une manière complète, quoique succinte, les défauts, les omissions de l'ouvrage sous le triple rapport de la législation, de la science et du manuel opératoire.

M. Ferrand ne se borne pas d'ailleurs à critiquer telle ou telle formule; il est fidèle à son titre, s'il démolit d'une main, de l'autre il édifie. Signale-t-il le côté défectueux que présentent un grand nombre de produits obtenus selon le Codex? Pour plusieurs, il indique un *modus faciendi* plus commode et plus rationnel. Citons au hasard le *sirop antiscorbutique*, la *purification de l'axonge*, le *sulfure de potasse*, la *rectification de l'alcool*, l'*huile d'œufs*, la *poudre de Vienne*, le *sous-nitrate de Bismuth*, etc, etc.; enfin, nous y avons remarqué des observations d'une utilité pratique réelle, relatives à la fabrication des extraits.

Tout à l'heure, nous avons parlé de la commission définitive de révision; en terminant cet opuscule nous en dirons encore quelques mots, mais dès à présent qu'on nous permette ces réflexions : la docte commission, chargée de nous donner une nouvelle édition du Codex, aurait tort, selon nous, de se mettre à l'œuvre avec des idées préconçues et un parti pris de faire bon marché des nombreux desiderata émis par les congrès et les sociétés de pharmacie; en outre, les documents et travaux originaux à consulter ne lui manqueront pas. Il est donc de son devoir de tenir compte de ceux-là et de se livrer à un examen consciencieux de ceux-ci.

Parmi les additions à faire à la pharmacopée légale, il y en a

(1) Voir les *Observations de pharmacie, de chimie et d'histoire naturelle pharmaceutique*, par MM. Guibourt et Béral, publiées en 1838, un an après le Codex.

qui méritent d'être prises en sérieuse considération. Par exemple, celle demandée par M. Favrot, au congrès de Bordeaux et que nous avons mentionnée page 10 ; puis, cette autre, due à M. Ferrand, qui consisterait en des *tableaux synoptiques* pour donner la densité des corps, le degré de solubilité dans l'eau, avec indication du meilleur dissolvant, la liste des substances que la lumière altère, la liste des contre-poisons et leur utilité plus ou moins spéciale, celle des médicaments qui doivent être l'objet d'une surveillance particulière ; enfin, pour notre part, en admettant que nous ayons voix au chapitre, n'étant qu'un pauvre hère perdu dans la foule des martyrs de la profession, nous souhaiterions que, dans le choix à faire parmi les divers modes opératoires à l'aide desquels on peut obtenir telle ou telle préparation, la commission donnât la préférence à celui qui, tout en fournissant, bien entendu, un bon médicament, serait d'une exécution facile et partant *à la portée des petites officines.*

Il s'est opéré, au sein de la pharmacie française, depuis bientôt un demi-siècle, une révolution capitale dont il serait trop long de déduire les conséquences, mais que l'on ne peut révoquer en doute, c'est l'abandon des travaux du laboratoire par la grande majorité des pharmaciens !..... Certes, nous n'espérons pas voir renaître à la vie et à cette activité d'autrefois tous ces laboratoires morts aujourd'hui ; pour plus de la moitié d'entre nous, nous ne pouvons nous le dissimuler, combien n'y a-t-il pas de préparations que nous ne pourrions fabriquer avantageusement nous-mêmes, sous le rapport de l'économie et de la qualité ?..... Mais est-ce à dire, parce nous devons les demander à des maisons spéciales, qu'il faille faire de même à l'égard de toutes les autres ?

Eh bien, il nous semble que le nouveau Codex, s'il est un livre accessible à tous, purement classique, pourra peut-être ramener nos confrères dans une meilleure et plus noble voie, la seule qui puisse les conduire au perfectionnement de leur art....., celle, en un mot, de la pharmacie pratique qui a été le point de départ de toutes nos illustrations professionnelles (1).

## VII

Cette simplicité que nous réclamons dans le manuel opératoire d'un certain nombre de produits officinaux nous ramène naturellement à la question des sirops d'extraits pharmaceutiques. M. Mouchon, avons-nous dit, en écrivant son *Essai pratique sur les sirops alcooliques*, répondait à l'appel de la société de pharmacie de Paris; de notre côté, nous faisions de même, en publiant notre *Coup d'œil sur les saccharolés liquides.*

Le nom seul de M. Mouchon était une recommandation; le nôtre, que d'épaisses ténèbres enveloppent, ne se recommandait que par son obscurité même, obscurité à la faveur de laquelle nous pouvions paraître nous trouver plus à l'aise pour réfuter le savant mémoire de l'honorable pharmacien lyonnais.

Quoi qu'il en soit, nous nous risquâmes à envoyer nos observations à la commission provisoire de révision et nous attendîmes!..... Eh bien! hâtons-nous de le dire, notre brochure a été lue avant de disparaître dans le *panier*, ce pourvoyeur inépuisable du débitant de tabac et de l'épicier pharmacopole. Sous l'égide de l'*Essai pratique sur les sirops alcooliques*, elle a eu l'honneur d'appeler l'attention des membres de la commission des sirops, commission composée de nos très-habiles confrères, MM. Guillemette, Sarradin et Mayet, rapporteur.

Si l'accueil fait aux sirops d'extraits pharmaceutiques laisse à désirer, nous nous garderons bien de nous en plaindre, les sirops alcooliques n'ayant pas trouvé grâce non plus devant la

(1) Reconnaissant l'importance de cette question, nous l'avons déjà soulevée dans une autre publication. Voir p. 15 de notre *Coup d'œil sur les saccharolés liquides.*

commission. Sur ces médicaments qui, aux yeux de M. Mouchon, représentent si fidèlement les vertus des plantes, qui lui paraissent appelés à devenir le prototype du genre, M. le rapporteur s'y arrête à peine un instant..... Quelques paroles de condoléance, et voilà tout!..... Il n'y a rien de tel que les commissions, scientifiques ou littéraires, pour savoir juguler, avec une prestesse rare, les élucubrations des pauvres auteurs.

Quant à nous, bien que nous ayons lu avec intérêt le rapport sur la question des sirops, que nous le considérions comme un travail utile à consulter, nous croyons devoir y relever cette assertion : « La commission n'est pas plus disposée « à admettre, pour la préparation de ces médicaments, l'em- « ploi exclusif du traitement alcoolique *que celui des extraits* ! » Ainsi le rôle que M. Mouchon fait jouer à l'alcool, nous voulons le faire jouer aux extraits !.....

Sans doute, c'est nous faire beaucoup d'honneur que de nous mettre sur le même rang que cet estimable confrère et d'enfouir nos deux communications sous le même boisseau, mais nous ne pouvons admettre une aussi fausse interprétation de nos idées. Dans notre *Coup d'œil sur les saccharolés liquides,* qui, soit dit en passant, porte cette épigraphe : — *Il y a en toutes choses de justes limites qu'il n'est pas permis de franchir,* — nous nous sommes élevé précisément contre cette tendance exclusive à laquelle se laissent entraîner complaisamment, non pas seulement M. Mouchon, pour ce qui regarde le traitement alcolique, mais encore d'autres pharmacologistes quant à l'emploi trop étendu des extraits.

Nous ne répéterons pas ici ce que nous avons déjà dit des sirops alcooliques et de ceux préparés avec les extraits ; nous ne reviendrons pas non plus sur les avantages incontestables que ces derniers procureront aux pharmaciens des petites localités : ceux de nos confrères désireux d'avoir plus de détails sur ce sujet les trouveront dans le travail précité. Ce que nous croyons utile de faire, c'est de nous prononcer d'une façon plus explicite, en terminant ce paragraphe par la liste des sirops que nous proposons de préparer d'après ce *modus faciendi*.

## SACCHAROLÉS LIQUIDES

**SUSCEPTIBLES D'ÊTRE PRÉPARÉS AVEC LES EXTRAITS PHARMACEUTIQUES ET QUE LE NOUVEAU CODEX POURRAIT ADMETTRE.**

(1) Sirop d'aconit.
— d'asperges (pointes).
— d'aunée.
— de bardane.
* — de belladone.
* — de cachou.
— de chicorée composé.
— de caïnca.
— des cinq-racines.
* — de cuisinier.
— de digitale.
— de douce amère.
— de fresne (feuilles).
— de fumeterre.
— de gayac.
— de gentiane.
— de grenadier (écorce de racine).
— de houblon.
* — d'ipécacuanha.
* — de jusquiame.
— de lichen.
— de monésia.
Mellite de roses rouges.

Sirop de mousse de Corse.
— de nerprun.
— de noyer (feuilles).
— de nicotiane.
* — d'opium.
— d'orme pyramidal (éc.).
* — de pavots blancs.
— de patience.
— de phellandrium (sem.)
— de polygala.
— de quinquina.
* — de quinquina au vin.
* — de ratanhia.
— de rhubarbe.
* — de salsepareille.
— de saponaire.
— de sassafras.
— de scabieuse.
— de séné.
* — de scille.
— de squine.
* — de stramonium.
* — de thridace.
Mellite de mercuriale.

On remarquera que plusieurs sirops, qui pourtant sont indiqués par des praticiens expérimentés comme devant être préparés avec les extraits, ne figurent pas dans cette liste. Notre prédilection pour ce mode opératoire ne va pas, en effet, jusqu'à l'engouement ; de ce qu'il nous paraît offrir d'incontestables avantages, nous ne prétendons pas qu'il faille le généraliser au point de l'appliquer là où il ne peut donner que des

(1) Les sirops marqués d'un astérisque sont ceux que le Codex actuel fait déjà préparer avec les extraits.

produits inférieurs à ceux obtenus selon les procédés ordinaires.

Par exemple, nous ne l'admettrons point lorsqu'il s'agira de préparer, parmi les sirops composés, ceux d'*armoise*, de *Fernel*, de *Larrey*, d'*érysimum*, de *stœchas*, de *Dessessart*, de *mou de veau* et *antiscorbutique*; les cinq premiers sont, du reste, à peu près oubliés aujourd'hui, et parmi les sirops simples, ceux d'*absinthe*, de *capillaire*, de *coquelicot*, de *consoude*, d'*écorces d'orange amère*, de *fleurs de pêcher*, de *pensée sauvage*, de *guimauve* et de *valériane*.

Quand certains sirops doivent être essentiellement aromatiques, que d'autres s'obtiennent très-facilement, et dans de bonnes conditions, par la simple solution du sucre dans l'infusé ou le macéré de la plante médicamenteuse, l'emploi des extraits n'est plus une méthode rigoureusement admissible (1). Mais pas un des sirops que nous proposons de préparer selon ce procédé, n'est dans ce cas; les principes actifs qu'il importe de conserver en eux se distinguent par leur fixité, et leur débit dans nos officines, pour le plus grand nombre, est assez restreint.

Il n'est certes pas possible d'exiger que les pharmaciens aient dans leur cave les quarante-sept sirops mentionnés tout à l'heure, mais ils devront avoir presque tous les extraits, et sur la demande qui leur sera faite, même du plus inusité de ces saccharolés, ils pourront le préparer extemporanément.

Tous nos confrères savent que le sirop de quinquina du Codex actuel ne soutient pas un examen sérieux; sous le rapport médical, c'est un médicament à peu près insignifiant, sous le rapport pharmaceutique, c'est une très-laide préparation qui se conserve mal. Aussi cette formule a-t-elle été, sinon

(1) Toutefois, nous ferons une réserve : Les extraits préparés dans le vide sont incontestablement supérieurs à ceux évaporés à l'air libre. Ils rappellent plus exactement les caractères distinctifs des substances qu'ils représentent, et l'on conçoit que là où les extraits ordinaires échouent, eux peuvent donner des produits irréprochables. Seront-ils admis pour le nouveau Codex ? Cette question est plus facile à poser qu'à résoudre.

complétement abandonnée, du moins sensiblement modifiée par des praticiens scrupuleux. MM. les membres de la commission ont étudié avec soin le procédé de M. Boudet; ils se sont livrés à des expériences comparatives intéressantes, et, en somme, ils ont adopté le traitement hydroalcoolique, antérieurement employé par M. Boudet et tant préconisé par M. Mouchon. Le sirop de quinquina ainsi préparé est un excellent produit, mais celui que nous obtenons de la manière suivante peut soutenir la comparaison :

Pr. Extrait hydroalcoolique de quinquina jaune. . . . 8 gr. 50
Extrait id. de quinquina gris. . . 8 gr. 50
Sirop de sucre bien clarifié, ou mieux sirop de gomme. . . . . . . . . . . . . . . . . . . . 1,000 gr.

Pesez, dans un petit poêlon, 250 grammes du sirop ci-dessus; ajoutez-y les extraits, faites chauffer et agitez continuellement, passez la solution bouillante sur le reste du sirop, avec lequel vous la mélangerez avec soin, puis conservez pour l'usage. Ce sirop, qui est demi-transparent, légèrement odorant et a une amertume prononcée, mais nullement désagréable, contient par 30 grammes 25 centigrammes de chaque extrait.

Disons maintenant pourquoi nous employons conjointement ces deux extraits. L'on a reproché aux auteurs du Codex d'avoir adopté, parmi les écorces de quinquina, précisément celle qui est la moins riche en alcaloïdes. Certainement ce reproche est fondé; mais, selon nous, les préparations du Codex à base de quinquina pèchent plutôt par l'imperfection de leur *modus faciendi*, que par le choix qui a été fait du *cinchona condaminea*. Cela ne veut pas dire que nous voulons mettre cette espèce en parallèle avec le quinquina jaune calisaya, qui a été décoré si justement du titre de *royal*, mais c'est à tort qu'elle a été délaissée par un grand nombre de pharmaciens. Le quinquina gris, on semble l'oublier, a été le premier connu et employé parmi ces précieuses écorces du Pérou ; c'est à lui que la comtesse de Chinchon a dû sa guérison, et c'est encore lui qui commença, sous le nom de *Poudre de la comtesse*, la célébrité du genre cinchona. Le quinquina gris, en raison de sa pauvreté en *quinine* ne peut, comme fébrifuge, rivaliser avec les quinquinas *jaune et rouge*, mais il est éminemment *tonique*, et en l'alliant au quinquina jaune, comme nous le faisons dans notre pratique, pour les diverses préparations quiniques, nous pensons délivrer à nos clients de bons médicaments et mieux faire que ceux qui l'excluent sans pitié de leur officine.

En résumé, et pour en finir avec les sirops d'extraits, nous croyons fermement que le problème de l'*identité des médicaments*, que l'on se propose de résoudre en astreignant les pharmaciens à l'observation rigoureuse d'un formulaire légal, sera déjà complétement résolu pour cette classe de saccharolés, soumis qu'ils seront à un dosage invariable, et que cependant, dans l'occasion, le médecin pourra modifier à sa guise (1).

## VIII

Lorsque la question de révision du Codex fut à l'ordre du jour dans les sociétés de pharmacie de France et que celle de Paris, en particulier, choisit dans son sein des commissions d'études chargées de préparer les matériaux nécessaires à la réimpression de ce dispensaire, le gouvernement n'était point encore intervenu.

Chacun disait son mot, formait tel ou tel vœu; mais, en définitive, tout ce qu'on pouvait dire ou faire n'avait rien de

(1) Les avantages attachés à ce mode opératoire n'avaient point échappé aux pharmacologistes. Le Codex de 1837 l'avait adopté pour onze sirops monoiamiques; un praticien distingué, M. Béral, préférait l'extrait hydro-alcoolique de salsepareille pour préparer le sirop de ce nom, à la colature aqueuse de cette racine; et nous remarquons, dans la *Pharmacopée raisonnée* de M. le professeur Guibourt, que les *sirops de caïnca, de digitale, de houblon*, sont préparés avec les extraits, et qu'à propos du *sirop de polygala*, obtenu par l'infusion de la racine, ce savant maître dit positivement *qu'il serait mieux préparé avec l'extrait alcoolique dont on déterminerait la dose d'après celle de la racine.*

légal. Il fallait que le pouvoir se prononçât, et dît quand il promulguerait le fameux décret de révision? C'est ce qu'on ignorait entièrement. Néanmoins, le travail préparatoire de la société de pharmacie de Paris allait son train ; de zélés confrères envoyaient des notes, des observations de pharmacie pratique, lorsque parut au *Moniteur*, en décembre 1861, l'arrêté de M. le ministre de l'instruction publique qui ordonnait une nouvelle édition du Codex et nommait une commission spéciale chargée de la préparer (1). Présentement, l'on se trouve moins à l'aise pour manifester ses opinions... Le corps pharmaceutique sait à quoi s'en tenir; il connaît la composition de la commission officielle! — En présence de ces maîtres, de ces princes de la science, qui la composent, doit-il être satisfait? doit-il s'incliner devant les sommités médicales et pharmaceutiques que le ministre y a réunies? Assurément, oui! Il a lieu d'espérer beaucoup. D'ailleurs pourrait-il se prononcer sur une œuvre encore à faire? Toutefois, dès à présent, il peut regretter :

1° L'absence des vétérinaires dans la commission;

2° Qu'il n'ait pas été ordonné qu'un appendice ou fascicule serait annexé au Codex au moins tous les trois ans;

3° Que pas un pharmacien distingué des départements n'ait été nommé membre de la commission;

4° Que la rédaction dans les deux langues, latine et française, n'ait pas été rendue obligatoire;

5° Que M. le ministre ait laissé, quasi à la porte de la commission, la pharmacie pratique, en accordant à ses représentants *seulement voix consultative* (2).

Quoi qu'il en soit, la commission spéciale, chargée de publier le nouveau Codex, telle qu'elle est composée, offre des

(1) Cette nouvelle édition du *Codex medicamentarius* sera la septième à partir du premier *Codex Parisiensis* qui parut en 1639.

(2) Il est aussi permis de s'étonner qu'on ait laissé à l'écart l'auteur d'un livre devenu classique, qui a fondé l'établissement pharmaceutique le plus important que nous ayons en France, et qui le dirige depuis dix ans d'une façon si remarquable.

garanties sérieuses à la profession : nous y voyons des savants de premier ordre ; des médecins renommés qui ont fait progresser la thérapeutique ; des noms chers à la pharmacie française ; enfin, des praticiens de mérite, dont plusieurs ont encore des officines, ce qui les rapproche davantage de leurs confrères et les met plus à même de soutenir, au sein de la commission, les questions se rattachant plus spécialement à la pharmacie pratique.

Certainement, il n'était pas possible à M. le ministre de l'instruction publique de la choisir plus savante et plus apte à bien remplir sa tâche, mais était-ce Paris seul qui devait fournir les élus ?...

Contrairement au vœu général de la profession, qui voulait un Codex français dans toute l'acception du mot, cette septième édition de la pharmacopée légale pourra s'appeler comme la première, celle de 1639, *Codex parisiensis !...* Tous nos confrères s'en contenteront, bien entendu, mais en nourrissant comme nous l'espoir que la huitième édition, destinée à nos successeurs, sera cette fois le

CODEX PHARMACOPŒORUM GALLIÆ.

Paris. — Imp. Divry et Cᵉ, rue Notre-Dame des Champs, 49.

www.ingramcontent.com/pod-product-compliance
Ingram Content Group UK Ltd.
Pitfield, Milton Keynes, MK11 3LW, UK
UKHW020525230726
13925UKWH00005B/2233